복숭아나무를 심다

국립중앙도서관 출판시도서목록(CIP)

복숭아나무를 심다 : 성백술 시집 / 지은이 : 성백술. 서울 : 詩와에세이, 2015
144P. : 127×206㎝

2015년 충북문화재단기금을 지원받아 발간됨
ISBN 979-11-86111-08-6 03810 : ₩8000

한국 현대시[韓國現代詩]

811.7-KDC6
895.715-DDC23   CIP2015017796

복숭아나무를 심다

성백술 시집

詩와에세이

2015

차례

제1부

새벽길 · 11
산막리에서 · 12
눈 오는 밤 · 14
불어라 봄바람 · 16
너를 만나러 가는 길 · 18
취업시장 · 20
대추를 씹으며 · 22
라면과 수제비 · 24
자본의 굴레 1 · 26
자본의 굴레 2 · 28
산불감시원 · 30
가을날 · 33
무량산 · 36
집 · 38

제2부

꽃이 질 때 · 43
눈병 · 44
돌 · 46
뻐꾸기 우는 유월 · 48
그리운 모텔 · 50
중환자실에서 · 52
로또복권 · 54
청춘 시절 · 56
돌싱을 위하여 · 58
지상의 방 한 칸 · 60
마음의 감옥 · 62
어두운 기억의 저편 · 64
조동댁 · 66
낯선 플랫폼 · 68
고향가든에 와서 · 70

제3부

진달래 · 73

공중목욕탕에서 · 74

거름의 향기 · 76

복숭아나무를 심다 · 78

개망초꽃 · 80

귀향 · 81

겨울 골짜기 · 84

우리 시대의 희망 혹은 사랑 · 86

인력시장 · 88

누님의 편지 · 90

아버지의 외출 · 92

시와 노동 · 94

귀환 · 96

왕개미집 · 98

제4부

장맛비 · 103
산길 · 104
막걸리 · 106
고추 모종 · 108
낫을 갈면서 · 110
노루 · 112
빨갱이 · 114
기다림 · 116
산판 가는 길 · 118
성장기 · 120
창 · 122
새 · 124
우리의 겨울 · 126
꽃 앞의 자멸 · 128

발문 · 131
시인의 말 · 143

제1부

새벽길

밤새도록 내린 눈
새벽을 밟고 떠나는 먼 길
더운 밥 훌훌 말아
허전한 시장기 때우고
어여 가거라
몸 성하거라
예전엔 아비가 그렇게 떠나던 길
이제는 아들이 떠나는
새벽 먼 길

산막리에서

아쉬운 바람 한 점 불지 않았다
낮으로 두 번씩 다녀가는 버스와
한차례 우체부가 가버리고 나면
마을은 텅 빈 외양간처럼 허전했다
사방 가로막힌 산줄기마다
검푸른 수풀은 억수로 우거지고
땅에선 뜨거운 훈김이 솟구칠 때
쏟아지는 땀 흐르는 한낮
타는 여름의 한가운데까지
어느덧 우리는 와 있었다
스치는 팔뚝의 쓰라림
말라붙은 두 다리의 흙을 떼어내며 나는
흩어진 친구들의 방학을 생각했다
밤마다 수없이 썼던 편지들을
끝내는 한 통도 보내지 못한 채
모두 찢어버리고
나는 부서진 지게를 짊어졌다
모든 것에서 밀려난 소외와

풀빛처럼 투명한 외로움의 세월을
되새김하여 삼키는 아버지 어머니의
호미처럼 닳은 손
흑인처럼 검게 탄 한평생을 볼 때마다
아픔 따윈 차라리 잊어야만 했다
어지러운 들판에 서나
외로운 산기슭에 서나
피할 수 없는 농투사니의 운명
그 뜨거움의 한가운데를 걸어
나는 날마다 지게를 져야 했다

눈 오는 밤

하마 누가 올라나
푸른 산자락 온 산천이
눈 속에 뒤덮여
골짜기 어둠은 시나브로 나부끼고
한 생애 문풍지를 가늘게 울리면서
저놈의 저수지가 늑대처럼 우는구나
공사 날망 찻길이 또 끊기겠지
소리 없이 쌓이는 불면의 눈송이들
늦도록 이불을 기우다
부엌의 마른 군불을 지피는 어머니
아른거리는 아궁이 장작불 속에서
어린 날의 새들은 날아다니며
도깨비춤을 추고
멀리 공동묘지엔 처녀 귀신도 나와 울 때에
깜깜한 하늘 천마산 어디쯤
우르르 우르르 겨울 산이 무너진다
잔가지마다 몰아치는 눈바람소리에
덜거덕거리며 사립문도 우는데

하마 누가 올라나
가슴은 자꾸 두근거리는데

불어라 봄바람

불어라 봄바람
모든 것은 너로부터 시작되었다
꽁꽁 언 얼음장 녹여버리고
죽은 듯 메마른 나뭇가지에
생명의 물줄기 다시 피워올린 것은
너의 따뜻한 입김
너의 뜨거운 숨결이었다
한때는 살을 에는 추위였다가
때로는 미친 듯한 불길이었다가
마침내 푸른 대지를 잉태한
어머니의 탯줄이여
마침내 피워낸 꽃의 향연이여
고향엔 지금 봄이 한창이다
꽃이 피고 새가 날고 꿀벌이 잉잉거리는
새로운 봄날의 축제가 한창이다
지아비는 밭을 갈고 지어미는 나물을 캐는
저 들과 저 산, 저 하늘을 보라
생명과 평화와 자유가 어우러진

저 옛날의 아우성 들려오는 사월
더운 땀방울 식혀주는 봄바람 속에
사랑이여, 네가 살아있다
사랑이여, 네가 숨 쉬고 있다
불어라 봄바람
불어라 꽃샘바람

너를 만나러 가는 길

별빛도 얼어붙은 영하의 밤길
너를 만나러 가는 길

어둠이 깃든 광화문 광장엔 정적만이 감돌 뿐
빽빽이 들어찬 전경 버스가
산성처럼 바리케이드를 치고
중무장한 전경들
웅크린 어둠 속의 복병이 되어
길목마다 지키고 서 있다

얼마나 아름답던 거리냐
낙엽을 밟으며 너와 걷던 길
함께 흰 눈을 맞으며 기쁨에 겨워 소리치던 길

으스스 겨울의 한기를 느끼며
나는 무작정 걸었다
비좁은 길목마다 어깨를 부딪치며
어두운 골목길을 누비고 다녔다

얼마나 찾아 헤매었을까
확성기소리가 들려오는 곳은
청계천 광장 어귀였다
나는 서둘러 발길을 옮겼다

깃발이다
파도처럼 출렁이는 무수한 깃발들
그곳에 네가 있다
촛불이다
밤하늘의 별빛 같은 촛불의 바다
그 속에 네가 있다

나는 주머니 속의 핸드폰을 꺼내 들었다
길게 심호흡한 신호음이
너를 향해 곧장 날아갔다
파도처럼 깃발을 흔들며
촛불의 행렬이 움직이기 시작했다

취업시장

허우대 멀쩡한 놈이
하는 일 없이 방바닥 신세도 하루 이틀이지
먹고 뒹구는 일만큼이나 힘든 일도 없었다
꽃 피는 봄날 물오르는 계절의
그 무력한 세월
비빌 언덕 하나 없이 넓디넓은 바다 어디에도
실업자를 반겨주는 직장은 없었다
무소속의 자유와 무노동의 편함이
오히려 무거운 짐이 되는
생계보장 대책 없는 실업자 산업예비군
벌건 대낮에 뜬 거지 백수건달이 되어
거꾸로 도는 세상을 바라보면
아무짝에도 쓸모없는 잉여인간인 나는
저임금 이윤 착취의 볼모일 뿐이었다
행여 노가다판 막일꾼이나
섣불리 담장 높은 공장에라도 취직하려고 하면
색안경을 끼고 아래위를 훑어보며
전력을 캐고 저울질을 하고

그것도 모자라 기약도 없이 취업을 기다려야 하는
비 오는 날의 신세는 더욱 고달팠다
신문이 다 닳도록 헤집어 읽어보기도 하지만
수없이 이력서와 자기소개서를 들고
발가벗겨진 노예처럼 취업시장에 서면
나의 인생은 싸구려 상품이었다
폐품이 되어 더는 못 쓰게 될 때까지
가진 자들의 배부른 욕망을 채워주고
집 한 칸 마련하는 소박한 꿈속에서
평생을 저당 잡혀 살아가야 하는 나는
아아, 무산계급의 고등실업자였다

대추를 씹으며

바람이 분다 계집애야
산그늘 내리는 밭기슭
후드득 우박 소리 내며 떨어지는
대추를 주우며
대추알만한 세상을 굴리던
어린 시절
우리들의 가난
대추 볼엔 하얀 버짐꽃 피고
몽당치마에 종아리가 시리던
계집애야 너는 커서
공장으로 떠나갔지만
와작와작 대추를 깨물던 우리
배고픔의 기억은 아직도 남아있다
그 대추알만한 세상이 깨지고
이제 우리 더 큰 세상에 와 살지만
아직도 대추나무를 보면 잊히지 않는
그날의 추위
대추알 같은 사랑

계집애야 너는 행여 잊지 않았는지
때로 힘겨운 세상 진저리치며 살더라도
바람 속에 의연히 깃발 흔드는
대추나무처럼만 살아라
바람이 분다 계집애야
후드득 떨어지는 대추를 씹으면
문득 그리운 계집애야

라면과 수제비

어린 시절 할머니 어머니와 함께
배급용 밀가루 반죽을 빚어
끼니를 때우곤 했던 수제비국처럼
이십 년이 더 지난 오늘도 나는
자취방에서 혼자 라면을 끓인다
식민지 난리통 속에서 허리가 굽도록
보리죽도 없어서 초근목피로 연명했다던 할머니
갈라진 손바닥 다 닳은 손끝으로 밭을 일궈도
평생 늙으신 것 외에 달라진 것이 없는 어머니
이제는 정말 알 것만 같다
옛날부터 밀가루나 감자는 구황작물이었다는데
있는 놈들은 간식이나 입맛으로 먹는 그것이
왜 오늘 나에게는 일용할 양식이며 주식이 되는지를
눈물방울처럼 똑똑 떨어지던 수제비
라면 가닥처럼 늘어지는 긴 목숨으로
나는 살기 위해서 먹는가
먹기 위해서 사는가
살점을 저미는 분노가 튄다

뜨거운 밀가루 덩어리를 삼키면
진달래꽃처럼 되살아오는
할머니 어머니의 얼굴
그제나 이제나 달라진 거라곤 별반 없는 세상
식민과 자본의 아픈 역사가
거꾸로 모가지를 치받으며 거슬러온다

자본의 굴레 1

날마다 세상이 목을 조여온다
대기업 부동산 투기 바람이 휩쓸고 간 뒤로
지나가네 땅값은 강남 논바닥 삐삐 붙던 시절
메뚜기처럼 뛰고
우리는 변두리 셋방을 찾아 다시 이사를 해야 했다
걸프전쟁의 불똥에 기름값은 또 뛰고
우리는 연탄아궁이 숨구멍만 겨우 열어놓고
겨울을 나야 했다

밀리는 방세가 숨통을 누르고
일주일에 한번 가던 공중목욕탕엔 이 주일에 한번
하루 두 끼 먹던 밥은 이제 하루 한 끼는 라면
이 자본주의 천국에선 움직이는 게 모두 돈
하다못해 차 한잔, 소주 한 병 값에도
가난한 주머니를 뒤집어야 한다

해마다 벌이는 임금인상투쟁은 단지
자본가들의 논리를 정당화했을 뿐

우리가 하나를 찾는 동안에 놈들은
우리에게서 아홉을 빼앗아갔다
대학 입학시험은 평균 5.6대 1이지만
졸업 후의 취직시험은 수백 대 1이라는데
수천의 기부금을 내고 들어가지 않으면
낙타가 바늘구멍을 찾아 들어가야 하는
자본주의 천국이라는데

아흔아홉 가마의 쌀을 가진 부자가
한 가마의 쌀을 가진 자를 수탈하는 나라
오, 누구인가 가난한 자에게 복이 있다고
우리를 속이지 마라
열심히 일해도 소용없는 세상에서
살아보겠다는 발버둥이 얼마나 비참한 것인가를
알고 있는 자는 차라리 부유하다
이젠 일어나 뭐라도 해야겠다
자본이 우리들 코를 꿰기 전에
자본이 우리들 발에 족쇄를 채우기 전에

자본의 굴레 2

동구가 무너지고
소련이 흔들거린다
미국이 파나마를 단숨에 삼키고
우루과이라운드가 우르르과르르 물 넘어오고
아랍의 한 작은 나라를 상대로 한 다국적군의
걸프전쟁이 터지자
미국의 군비 부담 압력이 오고
석유가 동이 나고
땅값 집값 전셋값 따라 월세가 뛰고
밥값 술값 찻값도
게나 고등이나 길길이 뛰고
생산직 노동자가 줄고
취직이 점점 어려워지고
여성 노동자가 다방 아가씨 되고
다방 아가씨가 갈보도 되고
막일거리도 없는 추운 겨울
만성 실업자가 늘어만 간다

방세가 밀린다
쌀과 연탄이 떨어진다
상하이 독감에 걸려 골골거리는 동안
생활비가 바닥이 나고
빚이 쌓인다
찬물에 빨래를 하고 세수를 하면
손이고 발이고 머리통이고
깨어질 것 같은 한파에
외상 소주 한 병으로도 데워지지 않는
부자유한 몸뚱이 하나
다 타버린 재떨이의 꽁초를 말아 피우면
더욱 잠이 오지 않는 도시의 한 귀퉁이
이불 속 쓰라림 속에도
독한 바람이 분다
쥐약 먹은 것처럼 불똥이 튄다

산불감시원

어쩌다 나는 세상을 떠돌다
이 산골 구석에 들어와 살고 있는지
세상의 부귀영화 모든 영광이
서울에 있다는데 나는 어쩌자고
공공근로 비정규직 산불감시원이 되었는지

세상을 조금만 다르게 생각하면
얼마든지 출세할 수 있다던 친구의 말
아직도 귓가에 빙빙 맴도는데
가슴은 산막리 골짜기 물처럼 차갑기만 하다

산불은 크게 시작되지 않는다
담배꽁초, 똥 묻은 휴지 조각, 라면 봉지
논두렁 밭두렁 태우던 불씨 하나로
산기슭에 옮겨붙으면 사나운 들짐승이 된다
불길은 삽시간에 마른 낙엽을 태우고
불어오는 골바람을 타고 무서운 기세로
계곡과 능선을 건너뛴다

상황 발생, 상황 발생…… 화염이 치솟고
산불감시원의 무전이 고막을 때리면
각 읍면사무소, 군청에 비상이 걸리고
소방차를 비롯한 온갖 차량이
산기슭을 향해 파도처럼 밀려들 때
산불 진화대원들은 물통을 지고 산을 기어오르고
소방 헬기가 불길을 향해 날아오른다

모든 것이 검게 타버린 세월
시커멓게 죽어버린 나무들의 상처
고사목은 십자가처럼 서 있고
습기를 잃어 메마른 이파리들이 사그락거리지만

봄이면 까만 땅속에 꼼지락꼼지락
다시 뿌리를 내리는 나무들
새싹을 내미는 작은 풀꽃들
다시 시작되는 생은 얼마나 황홀한가

기약 없는 공공근로 비정규직 산불감시원
산안개 자욱한 세상 가쁜 숨 헐떡이며
홀로 걷다 보면 떠나온 서울길
타오르는 불길처럼 내내 어른거리는데
봉선화 58호, 58호, 여기 봉선화 본부
감시원을 호출하는 무전기의 신호음 어지럽게 발길 재촉한다

가을날

어이없이 봉구가 갔다
얼마 전까지만 해도 같이 어울려 술을 마셨던
그가 한 줌 뼛가루가 되어
이 가을 산기슭 뗏장을 쓰고 드러누웠다
누가 그를 쓰러뜨린 게 아니라
스스로를 못 이겨 자신을 쓰러뜨렸다

쓴 소주에 감나무 살충제
깍지벌레 약을 타면 무슨 맛일까
독에 술을 타면 구토증도 없다는데
오장육부를 불에 확 싸지르고
그 질긴 목숨 줄 놓아버릴 만큼
그가 원하던 삶은 무엇이었을까

첫 번째 마누라, 아이들과 헤어지고
고향에 돌아와 농사지을 때 벌써
생과의 질긴 인연 알아봤어야 했다
마을 공회당 가게를 보던 두 번째 마누라

있는 돈 없는 돈 다 훑어 도망갔을 때
아, 인생은 이런 게 아니다 싶었는데

조폭 출신이라는 세 번째 마누라 얻어
그래도 열심히 살아보려고 맘먹었는지
청년회 회장에다 동네 반장에다
천마산 자락에 산양삼 심어놓고 복숭아 키우며
가을이면 곶감 깎을 감나무 돌보면서
달덩이 같은 아들 하나 보고 참 바쁘게 살았는데

시골에서 농사지으며 산다는 것은
가마니를 뒤집어쓴 것처럼 답답한 일
더구나 젊은 여자가 시골에서 산다는 것은
그저 남편 하나 하늘처럼 믿고 사는 것뿐인데
어쩌자고 그 마누라 돌도 안된 어린것 들쳐업고
또다시 대처로 도망질을 쳐댔는지

이 가을 맑은 햇살 아래

묏등에 말라가는 잔디 덧없다
훗날 자식들이 와서 아버지라도 찾을까봐
화장을 하고서도 뼛가루 뿌리지 않고
묘지를 갖췄다는데, 도망간 그 마누라
아무것도 모르는 갓 돌배기 아는지 모르는지

생전에 그렇게 열심이던 감 농사
주인을 잃은 감나무는 빨갛게 익어가고
늙은 부모 마루 끝에 앉아 먼 산만 바라본다

무량산

산은 쉬 속내를 드러내지 않는다
햇살 맑은 가을 속을 걸어 한나절 산길을 헤매고도
아직은 무량산 그 깊은 속을 이루 다 헤아릴 길 없다

숲 그늘에 낙엽들 뒹굴어 쌓이고
바람에 날리는 기억의 편린들이 발목을 덮는 계절
한 편의 지도를 보듯 굽이굽이 정상을 찾아가는 길이
나이 사십 줄에 든 인생길 같다

산속으로 들어서면 산은 보이지 않고
계곡과 능선으로 이어진 숲길만 아득해
겨울 채비를 서두르는 헐벗은 나무들
고스란히 맞아야 할 겨울 눈보라가
한세월 건너야 할 모진 세월들이
늦가을 바람 속에 눈에 밟힌다

처음엔 그저 가볍게 빈손으로
바람이라도 쐬러 나섰던 산행 길에

이제는 이미 너무 멀리 와버려
돌아서 내려가기엔 아쉬워 꿈만 같고
마저 오르기엔 숨 벅차 만만치 않다

등에 흥건히 땀이 젖는다
숨이 턱까지 차오른다
내 생은 절벽을 움켜쥔 채 기어오르는
소나무며 참나무 뿌리를 닮았다
땀 흘려 온몸으로 부대끼며 가쁜 숨을 몰아쉰다

마침내 정상에 서자
어렴풋한 산의 윤곽이 잡힌다
발아래 안개 낀 도시와 연기
도로와 강물이 흘러가는 곳
하늘을 이고 선 연봉들의 좌표 속에
무량산 봉우리 우뚝 솟아오른다

집

아침이면 자욱한 안갯속에
물동이의 물이 얼고
저만큼 갈숲 언저리 하얗게
서리꽃이 핀다

이곳에 온 지 열흘, 아직 어두운 새벽이면 장작불을 땐 구들장이 먼저 싸늘하게 등을 떠밀고 뜨거운 국물에 밥을 말아 몇 순갈 훌훌 떠놓고 함바집을 나오면 그제야 희미하게 먼동이 튼다 뿌연 안개가 걷힐 무렵 공사장 앞마당에 모닥불을 지피고 인부들은 서둘러 벽돌을 쌓고 시멘트를 바르고 쾅쾅 못을 박는다 갑자기 수은주가 뚝 떨어진 탓에 수일 내에 일을 마치지 못하면 내년 봄에나 지어야 한다고 집주인은 마구 일을 몰아치고 잠시 허리 펼 짬도 없이 종일 벽돌을 올리고 흙을 퍼내고 시멘트를 갠다 이곳 일이 끝나면 어디로 가게 될지는 오야지 마음, 서산에 해가 걸리면 서늘히 땀이 식어 내리고 어느새 찬바람이 분다 내 집 없이 떠돈 십오 년 세월이다

못대가리가 보이지 않을 즈음 되어서야 사람들은
일손을 놓는다 어두워진 물솥 아궁이
통나무 장작에 불을 붙이면
양지바른 땅 어디쯤 모닥불처럼 따스한
내 집 한 채 짓고 싶다

제2부

꽃이 질 때

아주, 아주 오래전에
그녀가 나를 떠났다
단칸방 그 몇 년의 세월
우리가 함께한 건 무엇이었나
꿈이라든가 희망이라든가 그 속삭임
사랑, 뭐 이따위 것들
꽃이 지면 그뿐이었나
사랑은 짧고, 기다림 혹은 그리움
맨살로 부대끼며 살아가야 할 날들은
긴 여름 타는 한 해 목숨처럼 길어
두고두고 한세상 건너가야 할
물결 같은 세월이거늘
그대는 왜 돌아누웠나
이른봄 붉은 꽃잎 지고
돌아올 수 없는 강물을 베고 누웠나

눈병

강가의 썩은 물고기처럼

내 눈이 상했다

유행성 결막염 바이러스가

눈 깊숙이 침투했다

검은 해 타는 강가

무더운 바람 속에

그대 보고 싶어도

볼 수 없는 나의 두 눈아

초점 없는 흐린 눈을 뜨고

그대 눈빛 맞추고 싶어도

다가설 수 없는 나의 사랑아

눈을 떠라

눈을 떠라

비바람 속에 네가 온다

자욱한 장대비로

소나기 되어 네가 온다

돌

하루종일 장맛비 퍼붓는 날
베트남 처녀와 결혼한
양강재활용센터 고물장수 건욱이의
딸 돌잔치

조촐한 저녁 식사인 줄 알았는데
입구부터 차들이 즐비하다
들어오는 손님 나가는 손님들로
그야말로 봄날

요즘에는 환갑, 칠순잔치도
그냥 가족끼리 지낸다는데
어렵사리 마흔도 넘어
베트남까지 가서 데려온 어린 신부
귀여운 아기까지 쏙 낳아 길러주니
돌잔치가 결혼식보다 성대하다

술 한잔 걸치고 바깥으로 나와

담배 한 대 피우는데
얼큰하게 취한 베트남맨 건욱이 왈
"형도 얼른 베트남 갔다 오시오.
요즘 차 한 대 값만 해도 천만 원이 넘는데
사람을 차에다 비기겠어요.
전 요즘 행복하다니까요. 정말로."

장맛비는 그칠 줄 모르고 쏟아지는데
전조등 앞으로 끊임없이 달려드는 빗방울
오늘도 술 취해 음주운전으로
밤길을 달려 산막리로 간다

뻐꾸기 우는 유월

뻐꾸기 우는 유월
어머니의 밭농사는 끝이 없다
차양 모자를 쓰고
뜨거운 밭고랑에 앉아
호미 하나로 일구어 나가는
어머니의 농사
어머니의 호미 날 끝에서
풀과 자갈이 뽑혀나가고
곱디고운 흙냄새 땅 냄새를 맡은
곡식들은 더욱 푸르게 춤을 춘다

고추밭 매고 나면 참깨밭으로
참깨밭 매고 나면 콩밭 옥수수밭
호박구덩이 매고 나면 다시 파밭으로
상추 솎고 들깨 모종하고 가지모 손질하고
앉은뱅이 어머니 들밭에서
갈수록 키가 작아져간다
그렇게 그 넓은 밭뙈기들 한 바퀴 돌고 나면

잡풀은 곡식들 속에 또다시 우거지는 것을
어머니는 마치 풀과 전쟁이라도 하듯
오늘도 호미를 들고 밭 속으로 들어가신다

저 뒷산 뻐꾸기는 알까
땀에 흠뻑 젖은 채 밭고랑을 기고 있는
어머니의 속을
어머니는 알고 계실까
뻐꾹— 뻐꾹—
이제 풀 따위는 매지 말아요
자식 같은 뻐꾸기의 속을

그리운 모텔

오야지를 따라서 고향을 떠나
낯선 도시 객지에 와서
낮엔 종일 노가다 일하고 해가 기울면
허름한 모텔에 몸을 누인다
술은 벌써 얼큰하니 오른 뒤인데
대충 손발 씻고 샤워를 하고 나면
텔레비전은 모두 거기서 거기
채널은 늘 쌕쌕이 잠자리 방송
잠은 안 오고 밤늦도록
음~ 음~ 신음뿐인 성인방송을 보며
젖가슴을 꼬집어보다
사타구니를 쓸어보다
늦은 밤 외롭게 몸을 뒤척인다
여자를 부르자니 주머니가 가볍고
노래방이나 가서 도우미랑 파트타임으로
노래라도 실컷 불러제낄거나
그리운 것들은 모두 멀리에 있고
가까운 것은 오직 돈과 섹스뿐

성인방송 연놈들은 잠도 안 자는지
밤새도록 쌕쌕거리고 신음만 내뱉으니
한때 내가 사랑했던 그 여자들 혹
그들도 나를 사랑하기나 했던 것일까
이 밤 잠들고 나면 모두가 그뿐인데
이리 뒤척 저리 뒤척 잠재울 수 없는 유혹
하아~ 하아~ 잠이 안 온다
이러다 잠들면 모두가 그뿐인데
아, 새벽이 오도록 잠이 안 온다

중환자실에서

애초에 나를 중환자실로 보낸 건 의사의 실수였다
술을 마시고 어쩌다 명치께가 결렸던 것뿐인데
하여 병원 응급실을 찾았던 것뿐인데
협심증이나 심근경색일 수 있다며 나를
덜컥 중환자실에 가둬버린 것이었다

외부와의 연락도 차단한 채
하루 한두 번의 면회밖에 허락되지 않는
한번 들어오면 좀처럼 살아나가기 힘들다는
절해고도의 섬, 인생 말기의 중환자실은
샤워실도 화장실도 없는 막다른 골목
침대 옆 간이의자에 앉아 볼일을 보아야 한다

산소호흡기를 꽂고 심호흡을 하면
머리맡 위 모니터에 선 그래프가 펼쳐진다
주삿바늘과 링거병을 주렁주렁 매달고
하루종일 잠자듯 누워 나는
말이 없는 환자들 틈에 끼어 의식을 잃은 듯

하루에도 몇 번씩 저승과 이승을 오간다

콧구멍이나 식도로 음식물을 주입하고
대소변을 받아내고 환자복을 갈아입히는 일은
가족들도 하기 힘든 노릇일 터
가족들은 단지 하루 한두 차례 면회를 하고
환자가 아직 살아있음을 확인할 뿐이다
하루 입원비만 해도 물경 삼십만 원
죽는 일도 힘들어서 노잣돈만 무작정 깨져나가는데

이곳은 장례식장 가는 마지막 길목
어저께도 두 사람이 죽어나갔다
하루 24시간 불이 꺼지지 않는 중환자실
간호사가 또 의식 잃은 환자의 뺨과 가슴을 마구 친다
죽음조차 조용히 맞이할 수 없는 인생의 황혼
사느냐 죽느냐의 갈림길에서, 어떻게든 빨리
살아서 이곳을 빠져나가야 한다

로또복권

누구나 한 번쯤은 횡재하는 꿈에
로또복권을 사본 적이 있을 것이다
갈수록 핍박한 삶 도저히
어떻게 해볼 방법이 없을 때
달리 무슨 뾰족한 수가 없을 때
가파른 생의 험한 바다에서
지푸라기라도 잡는 심정으로
일확천금의 요행을
꿈꾸어본 적이 있을 것이다

맞으면 좋고 안 맞아도 그만
로또복권을 사는 사람들
어차피 사는 데 별 희망이 없거나
재미가 없는 개털들이다
요즘 세상에 열심히 일하고 땀 흘려서
부자 되었다는 말 들어본 적 없다
알고 보면 모두가 요행이다
강도에 절도범에 사기꾼에 투기꾼까지

알고 보면 모두가 거품인 세상이다

오늘도 나는 로또복권을 산다
되든 안 되든 그건 요행일 뿐이지만
로또복권 그 허망한 꿈에 기대어서라도
일주일간의 행복한 기다림을 구매해야 한다
저 높은 곳에 사는 하늘 같은 존재들이야
우리의 꿈을 모른다
인생역전 대박의 꿈
하루아침에 돈벼락 맞는 꿈
그 유혹, 뿌리칠 수 없다

청춘 시절

80년대 대학 시절 흑석동 산동네
비탈을 잔뜩 움켜쥐고 달라붙은
보증금 십만 원에 월세 삼만 원 하던
허름한 자취방
나무 문짝이라고 해서 다 화장실이 아니건만
가끔 골목을 지나가는 사람들이, 똑똑
부엌 판자문을 두드리곤 했지요
월세를 내지 못해 보증금 다 까먹어버리고
거리로 나앉기 직전
꽃다운 내 청춘 시절
그곳에 한 여자 찾아오곤 했었지요
담벼락 앞에
예쁜 꽃 한 송이로 흔들리던 그녀
노란 냄비에 벌레 섞인 봉지쌀
밥물이 되어 끓어 넘치기도 했지만
그녀 울며 돌아갈 때가 많았지요
그녀 치맛자락이 다 닳도록 기다렸겠지만
우리의 80년대는 끝나지 않았고

구두 밑창 같은 내 청춘의 혓바닥
다 낡고 해져, 피에 젖은 내 젊은 날
80년대가 끝났을 땐 이미
영영 못 쓰게 되고 말았지요 끝내 그녀
울음 멈추지 못하고 돌아간 뒤로
우리의 청춘 시절은 끝나고 말았지요

돌싱을 위하여

벚꽃 눈송이처럼 흩날리는
여의도의 봄 휴일
꽃 축제의 날
기나긴 계절의 터널 속을 걸어
그대 만나러 가는 날

자욱한 황사 지나간 하늘
발 디딜 틈 없는 인파 속에서
향기에 취한 꿀벌처럼 나는
그대의 은은한 꽃그늘
상처의 아픔 속으로 파고든다

그대 옆구리 터져 춥고 시린 겨울
혼자서 밥을 먹고
혼자서 돈을 벌고
혼자서 잠이 드는 일이란
얼마나 가혹한 형벌인가

돌아온 싱글,
개나리 노오란 꽃잎보다
파란 새싹이 더 곱고 예쁜 날
하늘이 화안하게 열려 햇살 따사로운
당신 만나러 가는 날

지상의 방 한 칸

구속 기소된 황제
대재벌그룹 회장이 한 평 독방에 갇혀
수백억 비자금 조성과 용처에 관한 수사를 받는다고
TV며 신문에서 야단법석을 떤다
세계 글로벌 경영에 차질이 불가피하고
한국 경제에 위기의 그늘이 드리우고 있다는데

그 극한대의 한 끄트머리쯤
나도 한 평 독방에서 살아본 적 있다
돈 안 되는 시골 농사 작파하고
무작정 상경하여 맨땅에 헤딩하듯
구치소 독방 같은, 공단 주변의 벌집 같은
월세 십육만 원의 고시원에서 살아본 적 있다

고시원의 한 평 독방이란
사람이 먹고 자고 생활하는 데
필요한 최소한의 공간
짐승을 사육하는 우리처럼 단순해서

다리를 뻗고 몸을 누이면
아득한 우주 속으로 빨려 들어가듯
어두운 관 속처럼, 무덤 속처럼
어머니의 자궁 속처럼 편안하다

극과 극은 통한다
고시원이라고 고시생들만 있는 건 아니다
송곳 하나 꽂을 땅 없는 서울
풍찬노숙의 객지에서
그래도 비바람 눈보라 피할 수 있는
작은 방 하나 있다는 것은 얼마나 다행인가
아픈 몸 기대어 누일 수 있는
지상의 방 한 칸 있다는 것은

마음의 감옥

어두컴컴한 다세대주택 반지하 셋방에는
하루종일 햇빛이 들지 않는다
희뿌연 방범 창살의 그림자
어두운 짐작만으로 하루의 시간을 가늠해보지만
아침이 오는지 밤이 오는지
두더지처럼 하루를 보내는 날은
흐릿한 형광등 불빛에 두 눈이 침침하다

내 생은 어디까지 흘러왔는지
지하의 세상은 너무도 고요해서
이 무덤 속 같은 침묵이 나를 미치게 해
계기판만으로 시계를 운행하는 건 지독한 혼란인데
나의 생체 시계는 사십 대 어느 봄을 통과하고 있는지
이웃집 담벼락 철조망 너머 활짝 핀 목련이
새떼가 되어 우주 밖으로 비행을 하고 있다

전세 삼천의 감옥에 갇힌
나의 육신, 나의 영혼, 나의 한계 그리고 나의 사랑

도대체 쥐꼬리만한 월급 가지고는
천정부지로 뛰는 집값 따라잡을 수 없고
평생을 바쳐 집 한 칸 마련하는 게 꿈인
지하의 사람들, 우물 안의 개구리들
태생의 가난과 굴레 벗어던질 수 없다

절망 같은 저 햇살, 꽃구경 다녀오던 날에
불을 끄고 잠자리에 누워
나는 본다, 천장 가득 쏟아지는 밤하늘의 별빛
내 집 마련의 꿈을 안고
언젠가 이 마음의 감옥에 살다 갔을
새색시와 아기의 고운 꿈, 아직도
천장 가득 야광의 흔적으로 남아있다
전세 삼천, 무한대의 우주로 뻗어가는
나의 감옥이여

어두운 기억의 저편

간밤에 또 필름이 끊겼다 술에 취해
어떻게 집에까지 왔는지
기억이 나지 않는다
어두운 기억의 저편
알코올중독 3기, 기억상실의 꿈
망각의 골짜기로 사라진 생의 분신들……

그 세월 나는 시인이 되고 싶었지 리얼리스트 혹은 로맨티스트가 되어 내가 얼마나 그댈 사랑하는지, 나는 새가 되고 그대는 꽃이 되어 우리 하늘을 노래하고 첫사랑 그대와 함께 마흔 살까지만 살고 싶었지 눈보라 마구 휘날리는 겨울 한철 혹은 얼음장 풀리고 봄꽃 만발한 한 해 봄 햇살처럼, 풀밭 위를 나는 한 마리 나비처럼, 그대와 난 마음이 잘 맞아서 마치 로미오와 줄리엣처럼, 러브 스토리처럼, 견우와 직녀처럼, 아니 남남북녀처럼, 한라산과 백두산처럼, 짝짜꿍이 잘 맞아서 아들 혹은 딸 하나 목숨처럼 남기고…… 나는 노래했으리라 사랑을, 혁명을, 그 위에 스러져간 운명의 꽃잎들을 반전반핵 양키고홈―최

루탄 가스 뭉게구름처럼 피어나는 전선의 경계에서, 꽃병을 던지고 보도블록을 깨는 전사가 되어, 게릴라가 되어 우리 사랑 한 점 꽃잎으로 피고 싶었지 민족해방 민중민주주의―나의 총구가 적들을 향해 불을 뿜고, 화약 냄새 자욱한 그 길 위에서, 그대와 나 뜨겁게 피 흘리고 싶었지 그 세월……

  조각난 기억의 파편들
  때론 용암처럼 뜨겁게 흘러내리지만
  이제 망각의 골짜기엔
  꽃잎만 분분하다
  해장국도 없이 속 쓰린 아침
  햇살에 눈이 부시다

조동댁

설 준비로 마을에서 돼지 잡는 날
살찐 돼지처럼 비대한 조동댁
하던 일 내던지고 회관으로 간다
구수한 돼지 암뽕 삶는 냄새에
미끄러운 눈 밟고 회관으로 간다
돼지 뼈다귀에 암뽕 삶는 거
내 다 알고 왔지
내 다 알고 왔지

회관 앞에 걸어놓은 솥에선
무럭무럭 뜨거운 김이 오르고
남정네들 기다리며 화투판을 벌이는데
돼지 같은 조동댁 슬며시
여편네들 모여있는 뒷방으로 끼어든다
돼지가 돼지를 어떻게 먹나
돼지비계가 돼지 암뽕을 어떻게 먹나

조동댁 슬며시 시치미를 떼고

순대부터 손이 간다
남 하나 먹는 동안 또 슬며시
돼지 염통에 손이 간다
돼지 암뽕 한 그릇이 순식간에 동이 나고
허리띠가 끊어져도 먹어야 살지
타고난 욕심이야 어디 갈거나
타고난 식탐이야 어디 갈거나

낯선 플랫폼

고향으로 가는 열차
낯선 플랫폼
열차가 잠시 멈춘 사이 문득
차창 너머 저편에서
이제는 까마득히 옛일이 되어버린
한 여자가 나를 향해 손을 흔든다

내 생애의 모든 것
내 젊은 꿈들과 희망과 열정의
처음이었던 그녀
오늘 한 송이 꽃으로 다시 피어나
대합실 개찰구 저쪽에서
손을 흔든다

스무 번도 넘게 꽃은 피고 지고
이젠 세상도 변하고
모든 게 다 변했지만
스무 살 앳되고 청순한 모습 그대로

마지막 손을 흔들던 그날처럼
그녀가 웃고 있다

고향으로 가는 열차
낯선 플랫폼
기차는 떠나는데
손잡고 걷던 버드나무 옛길
지천으로 쏟아지는 햇살처럼
첫사랑 그녀는 아직도 그곳에 서서
손을 흔들고 있다

고향가든에 와서

천마산 아래 고향가든에 와서
닭도리탕을 시켜놓고 오랜 얼굴 마주 앉았네
규천이 너는 농사지을래?
장가는 안 갈 거냐?
베트남 여자가 괜찮다는데
산막골 건욱이는 베트남 여자 얻어
양강재활용센터 사장으로 잘나간다는데
병오 마누라는 예쁘장하게 생겨
국산 여자 뺨친다는데
이참에 나도 장가나 갈거나
뭘 해먹고 살아야 하나
용산 신한금속에서 사람을 구한다는데
취직을 해야 할거나
시켜놓은 닭도리탕은 아직 안 나오고
장가갈 일이 걱정이다
먹고살 일이 걱정이다

제3부

진달래

흑석동 산동네
수줍은 잎새 피어나기도 전에
짓밟힌 서울의 봄마다
너는 오는가
눈부신 한강변 개나리를 따라
한강을 건너 서울역으로
남대문시장, 신세계, 시청 앞, 광화문으로
깃발을 움켜쥐고
북소리도 힘차게 나아가면
거기 산동네 헐벗은 고갯길마다
아프게 피어나던
그녀와의 첫 밤

공중목욕탕에서

하는 일이 없어도 때가 밀린다
겨드랑이며 사타구니
손이 잘 닿지 않는 등허리 할 것 없이
누룽지처럼 두꺼운 때가 밀린다

오랜만에 찾은 공중목욕탕
남 볼까 무서워 타월로 벅벅 문지르다 말고
자꾸만 물을 끼얹는다
가죽 한 겹을 홀랑 벗겨내고서야 겨우
뽀얀 새살이 돋는 부드러운 살갗

남는 것이 시간뿐인 백수건달일수록
때가 더 많이 끼는 것일까
이제 때 미는 일도 귀찮을 만큼
게을러졌다는 증거일까
뿌옇게 흘러가는 이 많은 땟국물
더러운 세상에 오염된 내가
또다시 세상을 더럽히고 있다

온탕에 들어가 목만 내밀고
못다 벗긴 때를 불리다가 문득
저절로 깨달아지는 아르키메데스의 원리처럼
온통 벌거벗은 알몸들을 바라보다
문득 대오각성한 실업의 두께
나는 바로 게으른 실업자였다

때를 벗기다 보면 언젠가 나도
새처럼 가볍게 날 수 있을 것 같은

거름의 향기

털털거리는 경운기를 끌고
온종일 거름을 실어나르다가
나 차라리 오늘은 거름이고 싶었네
부귀영화도 출세도 욕망도
온갖 아픔과 미련 따위 다 버리고
세월에 서걱거리는 가랑잎들에 묻혀
구더기며 지렁이 같은 미물들이나 키우면서
오늘은 그저 푹 썩은 거름이고 싶었네

하루하루의 땀과 고통을 절이고
어쩔 수 없는 가난과 절망과
이루지 못한 사랑
다하지 못한 청춘을 뒤섞어
무더기로 쌓아올린 저 거름 속에
저절로 배어나는 한숨
비바람 속에 피어나는 버섯들
삭이고 또 삭여서 마침내
무너져 내리고 기억마저 사그라진

한 무더기의 거름

먼 훗날의 그대여
바람에 날리는 한 점 꽃씨처럼
멀리서 오는 그대여
따사로운 햇살 아래 한없이 키를 낮춰
말없이 스러진 내가 그립거든
그대 잘 썩은 거름의 향기를 맡아다오
한 줌 햇살과 바람 속에 흐드러져
새롭게 피어나는 봄의 소식을 들어주오

그대여 목마른 줄기를 타고 올라
나를 꽃피워다오

복숭아나무를 심다

오늘은 산비탈 묵정밭을 일궈
복숭아나무를 심었습니다

당장은 무슨 복숭앗빛 꿈이
주렁주렁 열리는 것도 아닌데
우거진 칡덩굴이며 가시나무들을 쳐내고
깊이깊이 구덩이를 파내면서
돌무더기에 손발이 긁히고
팔 다리 허리 안 아픈 곳이 없었습니다

꽃이 피고 지고 새는 또 울고
한 해 두 해 세 해 몇 년을 자라야
잘 익은 금빛 복숭아 탐스러운
무슨 도원의 결의 같은 굳은 열매
바구니가 무겁도록 따 담을 수 있을는지
그런 것 지금으로서야 알 수 없는 일이지만
단지 지금은 먼 내일을 위해
한 그루의 희망을 심어야 하는

바람 시린 봄날

거세게 몰아치는 바람은
어지러운 황사를 자욱이 몰고 와
입술이 푸르도록 부르트게도 하지만
아직 조그만 눈망울을 닮은 애기나무들
줄기를 키우고 잎을 피워올릴 수 있도록
잘 썩은 밑거름과 함께
땅속 깊이 뿌리를 다져넣었습니다

그깟 산비탈 밭의 복숭아나무
하루아침에 희망이 행복이
찾아와주리라고 믿는 것은 아닙니다
단지 꿈이라든가 희망이라든가
먼 훗날을 위해 심고 가꾸어야 하는
복숭앗빛 향기 가득한 미래
당신의 부푼 젖가슴 같은 탐스러운 열매를 위해
오늘 하루종일 복숭아나무를 심었습니다

개망초꽃

세상에 가장 흔하디흔한 꽃

세상에 참으로 천하디천한 꽃

배고픈 지난날 돌이켜보면

별빛 곱게 내려앉아

언제고 어디서나 흐드러지게 피던 꽃

무너진 집 묵정밭마다

그리운 얼굴들 다시 피는 꽃

귀향

1

가방을 둘러메고 늦은 저녁 버스에서 내리는 나를 맨 처음 반겨준 것은 차가움이 묻어나는 싸아한 향기, 연한 풀꽃들의 숨결이었습니다 그 가늘고 여린 한 줄기 첫사랑 같은 숨결이 이마 위로 흘러내린 내 머리칼을 가볍게 툭 치고 지나간 것이었지요 인적이 없는 산골짜기를 지나와 이제 막 마을 앞까지 마중을 나온 듯한 그 외로움에 나는 잠시 으스스 몸을 떨었습니다 메마른 풀잎들과 얼어붙은 나뭇가지들이 아직 잎도 피우지 않은 빈 골짜기 담장을 넘어오는 마을의 불빛들이 오순도순 정다웠지요

2

식구들은 침침한 눈으로 밥상 앞에 둘러앉아 말없이 저녁 식사를 하고 뜨는 둥 마는 둥 식사를 마친 아버지는 이내 꿍 하고 돌아앉으셨지요 이제 칠순이 가까운 아버지에게도 옷에서 찬바람 냄새가 나던 시절이 있었겠지만 소 팔고 빚내어 공부시켰더니 소문난 남의 집 자식들처럼 어느 한곳에 뿌리내리지 못하고 패랭이 같은 모자 푹 눌러

쓰고 돌아온 자식놈 못내 못마땅하신 눈치였지요 예나 지금이나 달라진 거라곤 없는 아버지의 가난과 편견, 그 세습이 겨워 나는 가방을 건넌방 윗목에 밀어둔 채 팔베개를 하고 드러누웠습니다

3
 오늘도 경운기에 거름을 가득 싣고 털털거리며 과수원으로 갑니다 며칠째 바람은 골짜기를 거슬러 발정 난 수컷처럼 과수원을 휩쓸고, 따스한 햇살 그리운 수풀의 마른 풀잎과 물오른 나뭇가지들 미친 듯 휘휘거리며 몸부림을 칩니다 몸살이라도 난 듯 온몸이 쑤시고 입술이 부르터 서울에 두고 온 얼굴들이 사뭇 그립습니다 언 발을 딛고 선 채 하늘을 우러르고 서 있는 아직은 키가 작은 사과나무들 만주벌판처럼 거칠고 황량한 이 얼어붙은 땅에 맨처음 사과나무를 심은 아버지의 농사야 지금은 비료값, 농약값, 품값도 안 나오는 빚 농사라지만 아버지가 안 계시는 먼 훗날에도 주렁주렁 열릴 수 있는 사과나무를 위해 나 오늘은 푹 썩은 거름이고 싶습니다 이 봄바람 그치

고 나면 겨울잠에서 깨어난 나무들은 또 못 견디도록 꽃과 새순들을 피워올리겠지요

겨울 골짜기

서울을 떠나올 때 바라본 차창 밖 햇살이
저리도 곱고 투명했을까
어머니의 눈시울마냥 붉은 단풍잎 찬이슬 떨구며
아침 햇살 안개 낀 산 위로 솟아오르면
오늘도 염소떼를 몰고 골짜기를 오른다

굳은살 박인 딱딱한 발굽 아래
뽀얀 흙먼지로 사라지는 산길을 따라
고구마처럼 굵은 돌덩이들이 굴러내리는
산비탈을 기어오르면
고난의 행군처럼 이어지는 흑염소떼의 행렬

종일 빛깔 고운 떡잎 푸른 잎새를 찾아
쉴 새 없이 우물거려야
고들고들한 콩자반 똥 한 무더기 쏟아놓을 수 있는
초겨울의 짧은 햇살
갈숲 사이로 스미는 한 줄기 찬바람의 예감에도
풀과 나뭇잎들은 무시로 빛깔을 잃어

문득문득 단풍잎이, 그리운 얼굴들이
차가운 불꽃으로 일렁이면

매애~ 매애~
때론 홀로 떨어져 길 잃고 울부짖는 새끼 염소를 찾아
가시덤불 바위투성이가 되어 헤매다
시퍼렇게 젖은 몸으로 돌아오는 저녁
길을 잃는 것이 어디 어린 염소뿐이랴

때로 고난의 세월 속에서
어둠 속에 길이 막히고
부질없는 세월 또 흩날려도
눈보라 속의 골짜기 얼마나 더 깊어야 우리는
떡잎 같은 희망 하나 간직할 수 있을까
그리움의 생채기에서 흘러내리는
불빛 하나 따스하게 피어있어 눈물겨운
어머니 품을 닮은 겨울 골짜기

우리 시대의 희망 혹은 사랑

 나이 서른도 넘어 인생 막차를 타듯 결혼한 지 몇 년 우리에겐 아직도 소식이 없다 때론 고집불통, 별거, 이혼을 들먹이며 고함을 지르다가 단칸 셋방 한 이불 밑에서도 등 돌리고 자는 날이 많은 아내와 나는 오늘도 냉전이다

 무슨 좋은 소식 없어? 만나는 사람마다 그렇게 안부를 묻곤 하던 아직 단물이 덜 빠진 신혼 시절 그녀는 내게 모든 희망을 건 가장이었다 그녀가 출근하고 나면 아내의 등만 쳐 먹고 사는 실업자요 무직자인 나는 설거지와 집안 청소를 하고 종일 이력서를 쓰곤 했지만 그녀의 말 없는 노동과 고단한 슬픔을 달래줄 그 어떤 희망과 위안도 갖질 못했다 가을비에 취해 낙엽들이 비틀거리는 저녁이면 밥상을 차려놓고 나는 버스정류장까지 아내를 마중 나갔다 날마다 시든 개망초꽃처럼 돌아와 풀썩 쓰러지곤 하는 그녀의 퇴근길, 몇 달째 그게 보이지 않아, 처음으로 골목 약국에 들러 사 온 임신진단시약은 그러나 꽝이었다 푸른 리트머스 시험지의 빛깔은 변하지 않고 빨간 줄이 그어진 나의 이력서는 번번이 연락조차 오지 않았다 씨가

나쁜 거야, 밭이 나쁜 거야? 한약을 먹는다 불임클리닉을 받는다 병원엘 다니면서 수술 검사를 해도, 별 이상은 없어요 다만 호르몬 분비가 좀 부족하니 즐거운 기분을 갖도록 하세요 아침마다 체온계를 살피는 아내의 얼굴엔 갈수록 늦가을 낙엽 같은 찬바람이 불고 날마다 흐린 가로등 밑을 오르는 그녀의 지친 그림자 이력서를 들고 방황하다 술에 취해 돌아오곤 하는 날이 많아진 그 겨울 이후 우리의 짧은 신혼은 끝이 났다

 때로 암울한 전운이 감도는 우리의 불안한 동거, 그 사이로 봄바람 불고 묵은 나뭇가지에 햇살 곱게 내리는 날이면 불현듯 솟구치곤 하는 우리 시대의 희망 혹은 사랑 뜨거운 노래를 불러줄 초록빛 새싹 하나 낳고 싶다

인력시장

간다 몸 팔러 간다 염병할 것
이른 아침 영등포 역전 용역회사 인력시장
오늘도 하빠리 인생 일당 잡부들 모여
주문이 떨어지기만을 기다리고 있다
엊그제는 연립주택 공사장에 혼자 팔려가
종일 땅을 파느라 손바닥에 물집이 잡히고
어제는 지하 이 층 건축현장 정화조 속의
물먹은 잡목과 거푸집을 끌어내느라
새참도 못 먹고 생땀을 흘렸는데
오늘은 또 무슨 일거리가 떨어지려나
기술이라도 있어야 높은 일당을 받지
잡부 주제에 힘든 일 궂은일 가릴 것도 없다
내일 올지 모레 올지 모르는 장마 예보에
그나마 일감이 없어 반 넘게 돌아서는 판에
이 양반아 아침부터 재수 없게 그런 전화
하는 게 아녀 주문을 기다리던 소개 반장은
전화통이 부서져라 수화기를 내던진다
속이야 편하지만 말이 좋아 건설 노동자지

뼛골 빠지는 이 길로 쭉 빠지려면
노가다 십 년은 해야 겨우 십장이 되는
막노동판 일당 잡부는 오래 할 일이 못 된다
남들은 힘들고 더럽고 위험해서 기피한다는
3D 업종 중의 하나
강도 센 노동에 하루 일당 받아봤자
소개비 떼이고 술 한잔 걸치면 남는 게 없어
어쩌다 고스톱판이나 계집질이라도 한번 하면
공수래공수거로 남을 노가다 인생
한밑천 잡을 때까지만 참아보는 거야
막다른 인생의 벼랑에 배수진을 치고
이른 아침 영등포 역전 인력시장에 나와
오늘도 몸을 판다 젊은 인생을 판다

누님의 편지

언젠가 네가 어른이 되면
따뜻한 국밥 한 그릇과 막걸리를 대접하고 싶다고
섬진강변 작은 초등학교 유리창 밖 교정의
측백나무 울타리와 뛰노는 아이들을 바라보며
남도의 꽃잎 담긴 엽서를 보내주곤 하던 누님
흰 눈이 펑펑 오던 그해 겨울이 가고
천리향 꽃망울 터뜨리는 봄소식이 와도
누님의 편지는 오지 않았다

손톱 끝에 봉숭아 꽃물이 지기 전에 첫눈이 오면
첫사랑이 이루어진다더니
한가위 보름달에 소원을 빌면
그 소원이 이루어진다더니
남원 구례 지나 19번 도로 따라 한번 가서
남으로 흐르는 섬진강 그리움으로 쌓여
소식이 끊긴 누님

붉게 녹슨 휴전선의 철조망 위로 날아가는

새들처럼 몇 장의 종이 위에
마지막 편지 그 위로 세월은 쌓이고
나는 퍼렇게 멍이 든 전방의 내무반을 떠나와
황사바람 자욱한 서울로 돌아왔지만
항시 배고프다는 시인이 되려 했던 나를
기다린 것은 지독한 가난과 외로움뿐
누가 알까 누님의 진한 남빛 가슴
봄 햇살처럼 따스했던 초록빛 사랑들을

누님은 아직도 그곳 초등학교의
선생님으로 살고 있을까
누님이 가르친다던 반 아이들은
지금쯤 자라서 무엇들을 하고 있을까
흐리고 낮은 서울 하늘의 유리창 너머
자욱한 황사바람 천리향 꽃망울 터뜨리는
봄소식이 와도
남으로 흐르는 섬진강 따라 한번 간 뒤로
소식이 끊긴 키 작은 누님의 편지

아버지의 외출

좀처럼 돌아오지 않는 아버지를
찾으러 나선 늦은 저녁
술에 취한 아버지는
농로에 쓰러진 채 잠들어 있었다
육십 평생 농사에 남은 것이라곤 빚뿐
빚을 빚으로 메꾸어나가던 아버지의 농사는
풍년이 들어도 늘상 매한가지
조합 빚은 날로 늘어만 가고
그해 여름 해직교사가 되어 돌아온 형의 침묵 속에
아버지의 깊게 팬 눈물은
시냇물처럼 빛나며 소리 없이 흘렀다
텅 빈 주머니만큼이나 외로운 아버지의 외출
마을의 불빛들이 눈을 비비며
쓰러지듯 하나둘
고단한 몸으로 잠자리에 드는 저녁
세상에 떠 있는 별빛들은 몇몇
먼 인생길의 끝에서 가물거리고
한평생 지게질로 땀 흘렸던 나날들

쑥국대처럼 굵은 뼈만 앙상히 남아
빈손으로 돌아오는 아버지의 귀로에는
벼 포기를 쓸어오는 서늘한 밤바람 속에
진한 농약 냄새가 번져왔다
코를 찌르는 싸아한 술 냄새와
진한 담배 냄새를 맡으며
아직도 따뜻함이 남아있는 아버지의 몸을 부축하여
돌아오는 어두운 들길
아버지에게서 사라져간 잔인한 희망과
아픈 가슴이 쓰리도록 푸르게 되살아오는
캄캄한 세월의 기억들은 또
들판을 불어오는 밤바람 속에
진한 농약 냄새에 묻어 번져오고

시와 노동

한창 시기에 대학교를 그만두고
노동현장으로 뛰어든 옛 선배를 만나
오랜만에 함께 막걸리를 마시면서
나는 참으로 부끄러웠다
요즘에는 뭐하고 지내느냐고
요즘에도 시는 많이 쓰느냐고 묻는 선배에게
나는 할 말이 없었다
시에 대한 미련을 버리지 못한 채
엉거주춤 학교 주변이나 얼씬거리며
할 일 없이 술이나 퍼마시고 다니는 내게
그는 온몸으로 보여주었다
시를 써서 밥 벌어먹고 살 수 있겠는가와
시인은 왜 항상 배가 고픈가
그리고 내가 왜 시를 쓰지 못하는가를
이제는 아무리 크고 무거운 쇳덩어리도
떡가루처럼 부드럽게 보인다는
선배의 확신에 찬 눈빛과 손끝 마디마디에는
쇠를 자르는 톱날 같기도 하고

쇠를 녹이는 불꽃과도 같은
강한 빛과 힘이 있어 보였다
그는 내게 온몸으로 보여주었다
군살이라곤 남아있지 않은
검게 그을린 얼굴과 팔뚝으로
모든 삶은 노동의 대지에
깊게 뿌리를 내려야 한다는 것을

귀환

늦게야 제대하고
복학 수속을 밟으며 나는
학교 근처 옛날의 개미집을 찾아갔다
낮은 천장의 삼십 촉 전구 아래
그리운 얼굴들은 눈송이처럼 흔들리고
빈속에 라면과 막걸리를 구겨넣으면
시커먼 흑석동 골목 연못시장의
기름때 묻은 사람들의 이야기도 취해갔다
얼어붙은 한강변의
개나리꽃은 언제 필는지
봄은 아직도 먼 겨울
찌그러진 탁자를 비집고 앉아 나는
누렇게 뜬 벽지며 달력 위에 새겨진
낯익은 친구들의 낙서와 좌우명을
읽고 또 읽었다
그들은 모두 떠나갔지만
산다는 게 뭔지…… 개미집 아줌마는
떠나간 선배와 친구들의 족보를 줄줄줄 외우며

누구는 잡혀가고
누구는 취직해서 돈 벌고……
그 시절 산동네 꼭대기에서 바라보면
별빛처럼 눈부셨던 서울의 불빛들
아프게 고갯길을 내려서던
사랑도 좌절의 순간들도
이젠 어두운 세월의 저편으로 사라지고
다시 돌아온 흑석동 개미집
떠나간 선배와 친구들의 좌우명 위에 나는
또 하나의 좌우명을 아프게 새겨넣었다
처절하게… 처절하게…
우리 살아서 다시 만나자

왕개미집

그해 봄이 가고 계엄령도 끝나
학교는 다시 개강을 했지만
우리는 날마다 술을 마셨다
왕개미집 천장에 길게 늘어진 끈끈이
시커멓게 매달린 파리떼의 시체를 바라보며
우리는 날마다 술을 마셔야 했다
날마다 수업은 개미집에서 했지만
하루라도 수업을 하지 않으면
잠이 오지 않았다
벽에 걸린 선풍기가 돌 적마다
흔들거리는 끈끈이
필사적으로 저항하는 파리떼의 죽음 앞에서
파리똥에 녹이 슨 오래된 거울과
벽마다 가득한 낙서들을 바라보며
고물이 다 된 구석 의자에 찌그러져 우리는
그 짜고 시어빠진 깍두기 안주에
막걸리와 독한 소주를 털어넣었다
쫓기던 파리가 끈끈이에 걸려

날개를 퍼덕일 때마다 이것 봐라, 이것 봐라
왕개미 아줌마는 재미있다 낄낄거리고
우리는 멋도 재미도 없는 대학생활 대신
왕개미대학 막걸리과를 졸업했다

제4부

장맛비

맘먹고 일하러 나가려는데
아침부터 비가 오락가락한다
소나기가 쏟아지다가
쨍하니 햇살이 돋았다가
다시 먹구름이 몰려온다

이래저래 들밭 일은 못하게 생겨 먹었다
밭에 가려다 말고
햇살이 환하게 밝은데도
부슬부슬 가랑비로 내리는 여우비
하늘을 쳐다본다

이런 날은 부침개 부쳐놓고
술이나 마시는 게 최고다
아침나절부터 막걸리병을 끌어당기는데
베란다에 빨래를 널던
어머니 한 말씀 하신다
 "방구칭이들 딱 놀기 좋은 날씨다"

산길

눈밭에 찍힌
피 흘린 짐승의 발자국을 따라가다
가시나무 잡목 수풀 무성히 가로막혀
끊어진 산길
어릴 적 할머니 얘기 속에 나오던
할아버지 아버지들이 갔다던 그 길도
이런 산길이었을까
골짜기로 몰아치는 바람이
산그늘로 내려와 어둠을 치고
해묵은 길 위로 눈발은 우수수 우수수 날려
무너지는 하늘, 멀리 어디쯤에서
우는 겨울 산
웅크린 그 어둠 속에
산으로 산으로 몰아쳐간 아비들
얼음 발 차가운 눈 속에 묻혀
추위와 굶주림을 이기던 저 산
머지않은 봄이면
총성이 울리고

아, 일제히 꽃불이 터져오르던
저 산
오래전 이 산길을 오르던
우리의 할아버지 아버지 아저씨들은
그 후로 모두 어떻게 되었을까
가시나무 잡목 수풀 무성히 가로막혀
지금은 끊어진 어두운 산길

막걸리

반주로 꼭 두어 잔은 드실 만큼
평소 막걸리를 좋아하시던 아버지
산소마스크를 쓴 채
한 달 가까이 중환자실에서 똥오줌 받아내게 하며
얼마나 목이 마르셨을까

담당 의사는 아버지가 이제 퇴원을 못 하시니
맛있는 거 많이 사드리라 했다
나는 그게 무슨 뜻인지 못 알아들었다
치아가 없어 죽만 몇 숟갈씩 떠 넣어드려야 하는
아버지는 이제 기력조차 없어
밤낮없이 가쁜 숨을 몰아쉬며 주무시는 동안
목이 마른지 물만 찾으셨다
말씀도 알아듣기 어려웠다

그러던 중 간병인 아주머니가 살짝 귀띔을 해줬다
아버님이 막걸리 좀 잡숫고 싶으시대요
그때서야 나는 아차 싶었다

아버지가 찾으시는 맛있는 것이
바로 막걸리구나

슈퍼에서 막걸리를 한 병 사다 드렸다
남들이 보지 못하게 검은 비닐봉지에 싼 채로
종이컵에 한잔 따라서
간병인 아주머니가 한 숟가락씩 입술에 축여드렸다
그러자 감겼던 아버지 두 눈이 뜨이고
얼굴에 화안한 미소가 번졌다
아버지는 그렇게 막걸리 한잔을 다 드셨다
그리고 '이제 그만' 하고 다시 눈을 감으셨다

이튿날 간병하러 간 형한테서 전화가 왔다
아버지 임종하실 거 같다, 빨리 와라
병원에 도착하니 아버지는 이미
산소마스크를 떼고
주무시는 것처럼 임종해 계셨다
막걸리 한잔 잡숫고 원 없이 돌아가셨다

고추 모종

고추 모가 제대로 서질 않았다고
올해엔 고추 모까지 사야 할 판이라고
마루 끝 식은 밥상머리 앞에서 아버지는 한탄하고
어머니는 또 부엌 아궁이 앞에서
아침 내내 푸념을 늘어놓는데
한 달에 한 번씩 휴일이면 집에 내려와
방세며 생활비를 긁어가곤 하는 나도 눈물이 돈다
가뭄에 메마르고 장마에 쓸려가는
콩 한 가마 텃도지에 얻은 자갈밭
고추는 우리네 삶만큼이나
어렵게 어렵게 씨를 세우는데
어디에 실한 흙살이 깊어
길고 긴 여름 한 해 타는 가뭄과 비바람
병충해와 잡초들을 견뎌낼 것인가
고추 한 모종에 십오 원씩
포기마다 타는 간구와 설움
흐트러진 땀으로 고추 모를 세우면
오월의 목마름 흙 위에 살아나는

연약하나 푸른 고추 잎새들
맵고 큰 고추나무로 쌩쌩하게 자라다오
점심상에 오른 시커먼 보리밥
날된장에 싱싱한 풋고추라도
우리네 흰 삶은 고달프지 않아라
양념 고춧가루 시뻘겋게 버무린
풋김치나 김장김치 한 사발만으로도
우리네 고달픈 삶 서럽지 않아라
까짓 등록금 둘째 치더라도 맵고 쓰린 우리네 삶
호호 불면서 한번 살아보자꾸나
아버지는 비닐에 구멍을 뚫고
어머니가 얽은 손으로 고추 모를 세우면
나는 물을 길어다 흠뻑흠뻑 붓는다
흉년이면 걱정
풍년이어도 고추금은 똥금이라 걱정
수입 고추 들어오면 망할지도 모를
우리집 올 고추농사

낫을 갈면서

낫을 갈면서
육십 평생 농사에 땅 한 평 없는
아버지 어머니를 생각한다
몽근 날을 시퍼렇게 세우면서
송아지 때 들여와 투실히 자란 암소
빚으로 팔려가던 그날을 생각한다
경운기에 낫을 꽂고 들판을 나서면
벌판 가득 실하게 빛나는 곡식들
새롭게 푸르러지는 싱그러운 풀잎들아
어머니의 땅에 자라는 우리들의
곡식 한 포기 풀 하나에도 비지땀 쏟는
뜨거운 한숨과 목마른 염원
데인 듯 쓰라린 무더위에도
곡괭이 같은 팔 갈퀴 같은 손가락
깨지고 할퀴고 으깨져 피가 흘러도
몸져누워 쉴 날 없었던 아버지 어머니는
내 땅 한 평 없이 살아온 무지한 농투사니
평생을 빼앗겨 빈손으로 남은

늘 피로와 근심뿐인 흙투성이
낫을 갈면서
자꾸만 시퍼렇게 날을 세우면서
손가락에 배어오는 시퍼런 아픔들
땅의 주인은 누구인가를 생각한다

노루

어저께는 종일 뒷산에서
오늘은 앞산에서
지친 몸을 끌고 쫓기는 너의 비운에서 나는
눈 속에 찍혀 있는 반역의 빛살들을 보았다

동료와 아내, 새끼들이 붙잡히고
어느 가시덤불 혹은 칡넝쿨에 몸을 숨겼을 이 겨울
신 새벽 별빛 아래
몸을 떨다가
동터오는 빛살과 함께
너는 또 흰 눈의 산길에 쫓기리라

가는 길마다 덫과 올가미
함정의 매복이 너를 기다리고
한바탕 아우성과 함께
십자화선과 포위망을 뚫고 달아나는
사생의 탈출구 쏟아지는 탄환의
표적을 향해 포수들은 총구를 조준하고

무수한 너의 선조들이 피를 뿌렸을
산하에서 너는 오늘도 쫓긴다
꽃잎 서늘한 발자국마다
아직 살아있는 생명의 온기
한 덩어리의 고기로나 남을지도 모를
네 허망한 육신의 고통을 넘어

어저께는 종일 뒷산에서
오늘은 앞산에서
쫓기는 너의 일생에서 나는
반역의 몸짓으로 살아있는
네 종족의 위대한 영광을 보았다

빨갱이

소 팔고 논밭 팔아 학교공부 시킨 것이 고작
판검사 변호사도 못 되고
국회의원도 못 되고
그렇다고 무슨 고급공무원도 못 되고
이 애비 빚내서 기둥뿌리 뽑아서 속옷 팔아서
대학까정 보내놓으니 고작
의사 약사도 못 되고 군장성 별자리도 못 되고
하다못해 증권회사 대리도 못 되고
사장이나 중소기업 경영주는 더더욱 못 되고
교수도 못 되고 시인도 못 되고
그렇다고 밑천 없는 장사 떼돈도 못 벌고
그 흔해빠진 무슨 자격증 하나도 못 따고
기껏 한다는 짓이 실업자인 주제에
운동이 도대체 뭔 말라비틀어진 것이냐
먹고사는 운동보다 더 큰 운동이 어디 있간디
밤낮 수배에 해직에 도바리에 노가다에
집시법에다 반공법에다 국가보안법에다
감옥살이 제 큰집 드나들듯 하고

거름도 기름때도 안 묻혀본 허연 손으로
뭐? 노동을 한다고? 운동을 한다고?
영혼이 불쌍한 인간아
역사가 위대하면 얼마나 위대하겠냐
소련, 동구 무너지는 것도 못 봤냐?
이 빨갱이 같은 놈아

기다림

견딜 수 있네

고달픈 머리 위로 쏟아져 와 박히는 햇살도
부러질 듯 조여오는 허리의 아픔도
네가 올 그날의 기쁨만으로
긴 여름 타는 해 견딜 수 있네

손발에 긁히는 쓰라린 핏줄기
거친 황토에 우거진 수풀 헤치고
오늘도 불같은 땀 쏟는 기다림으로
지게를 지면

지쳐 쓰러진 내 몸을 다시 일깨우며
산하에 살아오는 너의 푸르름
험한 산맥 깊은 강줄기마다
깃발처럼 선명한 가슴을 열고
네가 올 것을 나는 믿네

짓눌러오는 두 어깨
휘청거리는 발걸음으로
쓰러질 그날의 아픔
피처럼 따뜻한 너의 눈빛이여

풀빛 같은 이 목숨 다하는 그날에
마지막 눈부신 네가 오리라
길고 긴 어둠 가장 깊은 곳까지
버려진 산골 가장 초라한 곳까지
너는 넓고 큰 가슴으로 찾아오리라

시푸른 낫 갈아 지게를 지고
오늘도 어지러운 산을 오르며
네가 올 그날을 나는 기다리네
네가 올 그날을 나는 굳게 믿네

산판 가는 길

희끗희끗 첫눈이 내린다
아직 어슴푸레한 새벽 논둑길 지척 위로
목화송이처럼 탐스러운 송이눈이 내린다
뜨거운 국물에 훌훌 말아 넣은 새벽밥
아직 덜 깬 잠들을 툭툭 털어내면
무수한 날벌레처럼 날아와 부딪치며
옷깃 위에 내려앉는 나비떼
등짐 속엔 쌀이며 작업복 몇 벌
흰 눈을 밟아 서둘러 떠나는
미명의 새벽 산판 가는 길
발자국 위에도 자꾸만 흰 눈은 쌓이고
마을의 불빛들이 다시 꺼진다

장자골 깊은 산골짜기의 겨울
곰처럼 무거운 눈 속의 통나무를 굴려 내리고
저녁이면 식은땀을 쏟아내리며
골짜기를 거슬러오는 으슥한 밤바람
꽃잎처럼 날리는 모닥불 앞에서

젖어 쓰라린 몸뚱이를 녹이는 사람들
눈보라 어둠 속의 눈빛들은 또
속으로 몸서리치며 깊어만 가고
밤이 오면 움막의 구들장에
통나무처럼 쓰러지는 하루의 노동
바깥세상으로 통하는 두 귀를 열면
눈발 속의 천마산 울음소리도
비껴가는 세월의 한숨소리도
돌아누우며 오래도록
잠 못 이루는 천마산의 겨울

내년엔 풍년이 질까 아직 어두운
논둑 밭둑길 겨울나무들 위로
쏟아지는 첫눈 산판도로 따라
숨 가삐 오르는 사람들
눈과 어둠에 묻힌 천마산 봉우리는
어디쯤인지 까마특히 보이지 않는데

성장기

 우리들의 모든 것, 유년의 왕국이 천국의 꼭대기에서 지옥의 밑바닥까지 할 것 없이 무너져 내릴 때, 그 소리를 들으며 우리는 눈 오는 거리에서 길을 잃었다

 이불처럼 두꺼운 외투를 뒤집어쓰고 뛰쳐나가곤 하던 겨울, 갈 곳은 없었으나 무작정 뛰쳐나갔던 거리, 머리를 온통 감싸 쥔 채 우리는 사람들의 눈빛을 피해 다녔다 아, 사랑스러워라 사랑스러워라 삶과 죽음이 모두 꿈같이 아름답고 무거워라 세상의 끝까지 얼어붙은 대지와 하늘, 허름한 골목들을 애무하면서…… 그러나 몇 번이고 탈옥하는 즐거움을 맛보기 위해서라도 새벽 안개를 털며 돌아오곤 했다

 밤 열차…… 바다를 쫓아 밤 새우던 얼음과 잃음의 시간들, 그곳에 찍힌 몇 개의 발자국, 그것만으로도 우리는 목숨을 걸어야 했다 우리들의 모든 것, 영원한 신은 우리들 가장 깊은 곳에서 유혹과 자유의 모든 것을 지배했다
 유리창 가의 대합실 벤치, 동상으로는 꽃밭, 늘상 제자

리를 맴돌던 시계탑의 광장, 그곳에서 깨어나던 바람소리, 찍찍거리는 테이프의 객혈처럼 컹컹 짖어대며 회오리치던 바다, 눈 덮인 계곡, 저 멀리 가슴 가득히 안기는 포구, 그 바닷가에 서면 처녀의 몸처럼 전율하는 파도, 잔인한 바람 속에 흩어지던 웃음꽃, 핏방울마다 떨어지던 한 아름의 눈꽃

 얼마였을까, 오지 않는 그 무엇을 기다리며, 밤마다 악몽으로 찾아와 연습의 피와 허물들을 휩쓸어가던, 침침한 전등불과 어지러움의 밤은…… 아스피린과 수면제의 회색빛으로 잠들지 못하던 그 겨울, 우리들의 꿈은 열병과 흔들림으로 야위어갔다

 안갯속에 무너져간 유년의 왕국, 그 무너진 세계 속에, 스스로 일어서는 연습을 배우면서 우리는 한 살의 나이를 더했다 버드나무길, 자욱한 그 길을 따라 우리들의 키는 조금씩 자라났다

창

하늘 가득 닫혀있는 우리들의 창
바람은 우리의 하늘과 땅을 몰고
버림받은 언어들이
고통으로 떠는 유년의 축제
그러나 무너지는 햇살과 바람을 맞으며
눈부신 아침의 창가에 서면
폭포수같이 다가오는 풀잎들의 이야기
발목에 젖어오는 흥건한 체온
부끄러운 가슴의 껍질을 깨고
훨훨 날아오르는 춤의 자락들
새들이 날아오르고
하늘의 푸른 햇빛이
엉키어 싸우는 풀잎들의 혈관 속으로
깊이깊이 바늘처럼 꽂히는 창가
오늘은 가슴의 살갗 두께 언저리에
뭉게구름 같은 대기가 흔들리며 웃는다

두 개의 들꽃이 부는 바람에

투닥거리며 싸우고 있다

새

가슴속의 새를 꺼내어
나는 한 마리씩 죽이고 있다
아직 날개도 돋지 않은 작은 새들을
핏빛 선명한
부리와 다리
새의 흰 목덜미와 가슴
아직 익숙하지 못한 새의 울음소리를 들으며
나는 오늘도 가슴속의 새를 꺼내어
한 마리씩 죽인다
한 마리를 꺼내어 죽일 때마다
나는 하루를 더 살 수 있다
어느 것은 아직 눈도 뜨지 못하고
울음 한번 울어보지 못했던 작은 새도
내 손에 의해 한 마리씩 죽는다
이럴 줄 알았으면
아예 새들을 키우지도 말아야 했을 것을
어른이 되면 모두 새를 죽여버린다
야생의 들판과 하늘을 나는 새보다

더 높이 날기를 원했던 나의 새들은
내 손에 의해 한 마리씩 죽는다
오늘은 한 마리를
내일은 두 마리를
이제 몇 마리나 남았는지 알 수 없다
가슴속을 뒤지면
하루하루 손을 깊숙이 넣어야 한다
어른이 되기 위하여
나이를 더 먹기 위하여
가슴속의 새를 꺼내어
한 마리씩 죽여야 한다

우리의 겨울

 꽃잎이 휘날릴 때 조용히 내려앉는 나비야 옷깃을 세워 찬바람 막고 풀잎 가늘게 떨며, 겨울은 슬픈 축제의 노래를 부르며 왔다

 어디론지 떠나고픈 우리의 겨울 포장마차 모퉁이 돌아 두 손 깊이 감추고 목도리 날리며 온종일 헤매다 눈발 묻어나는 푹푹 빠진 다리, 눈 속에서 우리는 겨울을 났다

 사무칠 땐 울어버리던 가슴, 함박눈 속에 끝없이 끝없이 찍던 발자국 자욱한 눈물 속에 그대 미소가 그리웠다 우리가 가고 있는 곳은 어디일까 어두운 눈 속을 철벅거리며 가고 있는 것은 무엇 때문일까 눈보라 겨울 파도처럼 밀려오는 추억, 그 겨울의 그림자 속에 우리는 나직이 발을 적셨다

 무성한, 이미 기억에서 사라진 여름의 광장을 돌아 갈잎이 쌓이던 벤치, 조잘대던 웃음과 갈채소리 침묵 속에 무겁게 들어앉고, 천 년의 암흑시대가 흘러갔다

지하 천길의 칠흑 속에서 깊어가는 밤을 접으며 조용히 조용히 따듯한 불을 지피며 속삭였지 그 작은 속삭임으로 짠 바닷물 냄새, 언덕 너머 바람이 불어오고, 우리는 금빛 햇살 풀어헤치며, 보랏빛 입술을 비벼대며 온통 따가운 거리로 뛰쳐나왔다

 햇살 눈부시게 다가오던 그대 목소리 시린 두 손 입김 호호 불며 낡은 바지와 책을 자유처럼 사랑하며, 벙어리 같은 수많은 말 서로의 가슴속에 외치면서, 바쁜 발걸음 동동거리며 길 건너 저쪽으로 우리의 겨울은 갔다

꽃 앞의 자멸

미치도록 아름다운 꽃 앞에서

스스로의 무게로 무너져 내려

눈을 들어 바라보면

눈부시어 차라리 눈을 감으며

나는 홀로 일어서 그 자리를 떠난다

아, 외로워라

가슴에는 언제나 천근의 바위

내 뼈와 살이 덩어리진

아, 그것은 스스로의 무게

어두운 골목에 쓰러진 자리

꽃과 나의 발자국

하나밖에 없는 꽃 앞에서

하나밖에 없는 내가 쓰러진다

발문

시를 사는 자의 노래

방현석(소설가, 중앙대 교수)

스무 살, 사랑을 하기에는 심장이 너무 얇고 시를 쓰기에는 피가 너무 뜨거운 나이였다. 더구나 1980년이고, 봄이었다. 2504 강의실에서 성백술, 그를 처음 만났다.

마흔 명 신입생 중에서 시인이 되겠다는 포부를 밝힌 이가 서른 명 가까이 되었다. 그와 나도 그 서른에 포함되었다. 누구도 섣불리 자신의 시를 꺼내놓으려 하지 않았다. 말을 아끼며 서로의 눈빛을 살피는 신입생들 사이에는 팽팽한 긴장이 흘렀다. 먼저 깐 동기들의 패를 보며 안도와 낙담의 한숨이 교차했다. 그러한 탐색전에 마침표를 찍어준 것은 본고사에서 쓴 작품이었다.

우리가 지원한 학과의 본고사 과목은 국어와 영어, 그리고 창작실기였다. 산문의 제목은 '보리밭', 시의 세목은 '창'으로 주어졌다. 90분 동안에 쓴 실기 작품이 당락에 큰 영향을 미쳤다. 그래서 당시로서는 굉장한, 16.7대 1의 경쟁을 뚫고 합격한 신입생들은 다들 나름대로 자신의 문학적 재능에 대해 자부심을 가지고 있었다. 국어 과목에서 어이없는 오답을 쓰고도 합격한 나 또한 예외는 아니었다.

국어의 지문으로 나온 것은 『춘향전』이었다. 이 지문에 나오는 '이 도령'의 이름을 쓰라는 문제가 있었다. 나는 국어시험을 마치고 쉬는 시간에 함께 응시한 고교 동기에게 "명색이 그래도 대학교 본고사인데 이 도령 이름을 쓰라는 게 뭐냐"고 했다. 녀석은 내게 뭐라고 썼냐고 물었다.

"이방원도 모르는 놈이 어디 있냐"는 내 대답에 녀석은 배꼽을 잡고 웃으며 "넌 떨어졌다"고 했다. 그러나 합격자 명단에 녀석은 없고 나는 있었다. 나는 내가 쓴 시 「창」이 훌륭해서 합격했다고 확신했다. 그러나 성백술이 쓴 「창」을 보고 나는 내 착각을 꼼짝없이 인정하지 않을 수 없었다.

> 하늘 가득 닫혀있는 우리들의 창
> 바람은 우리의 하늘과 땅을 몰고
> 버림받은 언어들이
> 고통으로 떠는 유년의 축제
> 그러나 무너지는 햇살과 바람을 맞으며
> 눈부신 아침의 창가에 서면

폭포수같이 다가오는 풀잎들의 이야기
　　　　　　　　　　　　　—「창」 부분

　아무리 인정하지 않으려고 해도 인정하지 않을 수 없는 리듬과 언어의 힘이 그의 시에 출렁거렸다. 뒤이어 공개된 그의 다른 시들을 보고 기가 죽은 신입생이 나만은 아니었다. 그의 시는 내가 일찌감치 시를 접고 소설로 돌아서게 만든 이유 중의 하나가 되었다.
　우리들의 1학년은 짧았다. 5·18과 함께 학교는 문을 닫았다. 그와 나는 각기 고향으로 내려갔다. 그가 고향인 충북 영동의 산막리에서 보내온 엽서와 편지에는 풋풋한 감성이 퍼덕였다.

　　아쉬운 바람 한 점 불지 않았다
　　낮으로 두 번씩 다녀가는 버스와
　　한차례 우체부가 가버리고 나면
　　마을은 텅 빈 외양간처럼 허전했다
　　사방 가로막힌 산줄기마다
　　검푸른 수풀은 억수로 우거지고
　　땅에선 뜨거운 훈김이 솟구칠 때
　　쏟아지는 땀 흐르는 한낮
　　타는 여름의 한가운데까지

> 어느덧 우리는 와 있었다
> 스치는 팔뚝의 쓰라림
> 말라붙은 두 다리의 흙을 떼어내며 나는
> 흩어진 친구들의 방학을 생각했다
> ―「산막리에서」 부분

 늘 셔츠 깃을 세우고 다니던 그의 편지는 서체만 보아도 알 수 있었다. 다른 스무 살의 글씨와는 전혀 다른 그의 서체에는 성숙한 개성이 자리 잡고 있었다. 휴교령이 길어지던 그해, 그의 편지는 암호와 같은 은유로 분노를 타전해 왔다. 나는 산막리로 그를 찾아갔고, 우리는 함께 화약 냄새가 가시지 않은 광주에 갔다.
 광주에 다녀와서 우리는 '자유시대'라는 동인을 만들었다. 동인은 우리 둘이 전부였다. 2인 동인의 활동은 '개미집'과 '자매집'에서 줄기차게 술을 마시는 일이었다. '개미집'은 문학청년들과 막노동판의 인부들이 때로 술을 나눠 마시고 때로 싸우며 공존하는 공간이었다. '개미집'에서 사랑과 미움을 가장 많이 받은 것이 그였다.

> 그해 봄이 가고 계엄령도 끝나
> 학교는 다시 개강을 했지만
> 우리는 날마다 술을 마셨다

왕개미집 천장에 길게 늘어진 끈끈이
시커멓게 매달린 파리떼의 시체를 바라보며
우리는 날마다 술을 마셔야 했다
(중략)
필사적으로 저항하는 파리떼의 죽음 앞에서
파리똥에 녹이 슨 오래된 거울과
벽마다 가득한 낙서들을 바라보며
고물이 다 된 구석 의자에 찌그러져 우리는
그 짜고 시어빠진 깍두기 안주에
막걸리와 독한 소주를 털어넣었다
―「왕개미집」 부분

 시킬 만한 맛있는 안주가 없는 것은 개미집의 최대 단점이었고, 값이 나가는 안주가 전혀 없는 것은 개미집의 최고 장점이었다. 아줌마가 '두부회'라고 주장하는 생두부도 시킬 처지가 못 되면서 시켜 먹을 안주가 없다고 투덜대며 "짜고 시어빠진 깍두기"만 축내는 것은 문청들이나 막노동판의 인부들이나 마찬가지였다.
 문을 닫을 시간까지 버티며 비타협적으로 마시던 그는 개미집 아저씨와 아줌마의 미움을 사기 일쑤였다. 그는 아저씨의 심기를 살펴가면서 적당히 퇴각하는 적이 없었다. 비상한 기억력의 소유자인 아줌마는 개미집을 거쳐간 수

많은 인물들이 과거에 저지른 비행을 낱낱이, 수시로 재방송했는데 정작 아줌마 자신의 횡포는 포함된 적이 없었다. 아무도 지적하지 않는 아줌마의 횡포를 따지고 진지하게 항의하는 유일한 인물이 그였다.

대충 지나가면 될 일을 가지고 그가 왜 술집 아저씨와 아줌마의 잘못을 진지하게 지적하고 따지는지를 알기까지는 시간이 많이 걸렸다. 사람들이 술집 아줌마에게 따지지 않고 비위를 맞추는 것은 상대를 존중해서가 아니라 대등한 존재로 여기지 않기 때문이라는 사실을 그때 나는 몰랐다. 그는 모든 사람을 대등하게 여기고 동일한 기준으로 대했던 것이다.

두 해 전, 우리가 다닌 학과의 60주년 기념행사가 열렸다. 이 자리에서 가장 뜨거운 환영을 받은 것이 '개미집 아줌마'였다. 늘 자신이 74학번이라고 주장해온 아줌마를 74학번 명예 동문으로 모시고 감사의 마음을 담은 금반지를 드리자고 했을 때, 가장 먼저 돈을 보내온 이가 그였다.

> 그 시절 산동네 꼭대기에서 바라보면
> 별빛처럼 눈부셨던 서울의 불빛들
> 아프게 고갯길을 내려서던
> 사랑도 좌절의 순간들도
> 이젠 어두운 세월의 저편으로 사라지고

다시 돌아온 흑석동 개미집

—「귀환」 부분

　내가 공장으로 떠난 뒤 그는 학교로 돌아와 졸업을 하고, 대학원에 들어갔다. 조교가 된 그가 학과 깃발을 들고 집회의 맨 앞에 선다는 소문이 들렸다. 누군가 들어야 할 깃발이긴 하겠지만 조교가 할 일은 아닌 것 같다고 한 지도교수님의 충고를 받아들이지 않는 그에게 교수님이 말귀를 왜 그렇게 못 알아듣느냐며 '벽창호'라고 나무라자 도리어 그가 "교수님이 벽창호예요"라고 했다는 얘기도 풍문을 타고 왔다.

　그는 누구의 말도 듣지 않았지만 아무도 그를 미워하지 않았다. 그를 아는 사람이라면 그가 어른스럽지 못하다고 말하지 못한다. 그는 약삭**빠**른 어른이 되지 않으려고 안간힘을 다해왔기 때문이다.

　　어른이 되면 모두 새를 죽여버린다
　　야생의 들판과 하늘을 나는 새보다
　　더 높이 날기를 원했던 나의 새들은
　　내 손에 의해 한 마리씩 죽는다
　　오늘은 한 마리를
　　내일은 두 마리를

이제 몇 마리나 남았는지 알 수 없다
가슴속을 뒤지면
하루하루 손을 깊숙이 넣어야 한다
어른이 되기 위하여
나이를 더 먹기 위하여
가슴속의 새를 꺼내어
한 마리씩 죽여야 한다

—「새」 부분

    나이를 먹고, 어른이 되는 과정은 그에게 새를 한 마리씩 죽이는 일이다. 시적 진술과 달리 새를 꺼내기 위해 가슴속에 단 한 번도 손을 넣지 못한 시인의 삶을 우리는 그의 시에서 아프게 읽을 수 있다. 사랑과 혁명의 이름으로 "뜨겁게 피 흘리고 싶었"던 "그 세월"을 그는 "그대와 함께 마흔 살까지만 살고 싶었지 눈보라 마구 휘날리는 겨울 한철 혹은 얼음장 풀리고 봄꽃 만발한 한 해 봄 햇살처럼"(「어두운 기억의 저편」)이라고 애잔하게 노래한다.

    가슴속에서 새를 꺼내지 않고 사십 대를 통과하는 일, 어렵고도 어렵다. 그라고 모를 리 없다. 그는 "말이 없는 환자들 틈에 끼어 의식을 잃은 듯/하루에도 몇 번씩 저승과 이승을 오간"(「중환자실에서」) 중환자실에서 며칠을 보내기도 했다. "산속으로 들어서면 산은 보이지 않고 계곡과 능선으로 이어진 숲길만 아득"하던 사십 대의 인생을 그는 "내 생은 절벽을 움켜쥔 채 기어오르는 소나무며 참나무 뿌리를 닮았다"(「무량산」)며 쓸쓸히 돌아본다.

  세상에는 시를 잘 쓰는 사람도 있고, 뛰어난 시를 짓는 사람도 있다. 그러나 시를 사는 사람은 많지 않다. 그는 시를 살아왔다. 가슴속에 있는 새를 꺼내 죽이지 않고 시인으로 살기 위해 그는 차라리 절망을 선택한다. 절망을 견디기 위해 로또복권에 담긴 일주일 치의 희망과 "허망한 꿈에 기대어서라도/일주일간의 행복한 기다림을 구매해야"(「로도복권」)했던 그는 눈물겨웠던 사랑과 잔인한 도시를 뒤로하고 어느 날 고향으로 돌아가기로 결심했다.

  가방을 둘러메고 늦은 저녁 버스에서 내리는 나를 맨 처음 반겨준 것은 차가움이 묻어나는 싸아한 향기, 연한 풀꽃들의 숨결이었습니다 그 가늘고 여린 한 줄기 첫사랑 같은 숨결이 이마 위로 흘러내린 내 머리칼을 가볍게 툭 치고 지나간 것이었지요 인적이 없는 산골짜기를 지나와 이제 막 마을 앞까지 마중을 나온 듯한 그 외로움에 나는 잠시 으스스 몸을 떨었습니다
                                            ―「귀향」 부분

"육십 평생 농사에 남은 것이라곤 빚뿐/빚을 빚으로 메

꾸어나가던 아버지의 농사"(「아버지의 외출」)가 남아있을 뿐인 고향에서 "고추밭 매고 나면 참깨밭으로/참깨밭 매고 나면 콩밭 옥수수밭/호박구덩이 매고 나면 다시 파밭으로/상추 솎고 들깨 모종하고 가지모 손질하고/앉은뱅이 어머니"(「뻐꾸기 우는 유월」)를 지켜보는 그의 눈길은 이제 뻐꾸기에 가닿는다.

> 저 뒷산 뻐꾸기는 알까
> 땀에 흠뻑 젖은 채 밭고랑을 기고 있는
> 어머니의 속을
> 어머니는 알고 계실까
> 뻐꾹— 뻐꾹—
> 이제 풀 따위는 매지 말아요
> 자식 같은 뻐꾸기의 속을
> ─「뻐꾸기 우는 유월」 부분

그는 '뻐꾸기 같은 자식의 속'이 아니라 "자식 같은 뻐꾸기의 속"이라고 말한다. 사람의 자리를 뻐꾸기에게 내어주는 그 마음, 가슴속에서 꺼내지 않은 새가 그가 되어버린 것 같아 반갑고도 아프다.

열아홉 살의 시로 동기들의 기를 죽였던 우리들의 전설이 더디게 내놓은 첫 시집, 성백술은 삼십오 년의 시간이

얽힌 노래를 이제야 세상으로 떠나보내고 있다. 한잔하지 않을 수 없는 이유는 떠나보내는 '오래된 노래' 때문이 아니라 그가 이제 불러줄 '새로운 노래' 때문이다.

시인의 말

시인은 이슬을 먹고 살아야 한다. 아침 햇살에 빛나는 지독한 외로움, 지독한 그리움의 생채기에서 흘러내리는 그 투명한 수액을.

나의 시는 몇 개의 중독으로 이루어졌다. 알코올중독, 니코틴중독, 애정 결핍 그리고 지독한 가난과의 싸움.

내 시는 그 몇 가지의 중독이 남긴 결과물 즉 배설물들이다. 내 죽어 몇 개의 사리는 남기지 못할망정 여기 이렇게 살았다는 영역 표시를 해보는 것이다.

지천명의 나이에 첫 시집을 내면서 마음이 한없이 초라해지는 건 나의 깊은 중독증으로 인한 설사를 너무도 많이 한 탓이다. 더럽고 치사한 이 세상을 갈아엎지도, 뒤집지도 못한 탓이다.

이제는 가슴속의 새들을 꺼내어 하늘 높이 날려 보내려 한다. 부디 높고 멀리 비상하여 자유와 평등의 세상을 노래해다오. 사랑과 평화의 새가 되어 아름다운 노래를 해다오.

2015년 한여름 산막리에서
성백술

복숭아나무를 심다

2015년 7월 10일 초판 1쇄 찍음
2015년 7월 15일 초판 1쇄 펴냄

지은이 _ 성백술
펴낸이 _ 양문규
펴낸곳 _ 詩와에세이

신고번호 _ 제319-2005-000014호
주소 _ (120-865) 서울시 서대문구 북아현동 1-495 2층
대표전화 _ (02)324-7653, 070-8877-7653
팩시밀리 _ 0505-116-7653
휴대전화 _ 010-5355-7565
전자우편 _ sie2005@naver.com
공 급 처 _ 한국출판협동조합
주문전화 _ (070)7119-1741~2
팩시밀리 _ (031)944-8234~6

ⓒ성백술, 2015
ISBN 979-11-86111-08-6 (03810)

* 지은이와 협의하여 인지는 생략합니다.
* 이 책 내용의 전부 또는 일부를 재사용하려면 반드시 지은이와
  詩와에세이 양측의 동의를 받아야 합니다.
* 책값은 뒤표지에 표시되어 있습니다.

* 이 시집은 2015년 충북문화재난기금을 지원받아 발간되었습니다.